明日の出社が恋しくなる73のことば

アド・プロモート 代表取締役
吉田 英樹

73 advices for tomorrow's work becomes fun

仕事をもっと前向きに頑張りたいと思うあなたに贈る本

青月社

まえがき

そもそも私はいたってふつうの男です。

デキる男でもなんでもありません。むしろその対極かもしれません。

そんな私がＷＥＢのプロモーション会社を設立したのは35歳のとき、２００５年9月のことです。それから年月が経ち、弊社、株式会社アド・プロモートもどうにかこうにか10周年を迎えます。

しかし、飛び抜けた経営センスや目をみはるようなビジネスの実績などまったくない私が起業して、どうして10年間も会社を維持し成長させることができたのでしょうか？

それは「魔法の言葉」のおかげなんですと言ったら、きっと笑われてしまうでしょう。

もちろん、そんな都合のいい言葉なんてそうそうあるはずがありません。

しかし、**ダメ人間の私がまったく何もないところから仕事を生み出し、欲しかった結**

果を手にすることができた理由を、10周年を迎えるいまになって私なりに考えてみると、やはりそれは「魔法の言葉」のおかげだったような気がするのです。

私は昭和45年に栃木県小山市で大工の次男として生まれました。

小さな頃から、飽きやすいし、キレやすいし、何をやってもいいわけばかり。自分が好きなことしかしなくて、いつも遊んでばかりで、いつも思いつきで、いつも無計画で、いつも無謀……。経営者となった現在でさえ、ただ単にやりたいことをやっているだけですから、昔とそれほど変わりがないかもしれません。

そんな私の姿を見て、まわりの人は波瀾万丈な生き方だと言ってくれます。でも、私にしてみれば、やらなくて後悔するくらいならどんなことでもやっておきたいだけですし、自分の人生なのだから自分で考えて自分で行動を積み重ねたいと単純に思っているだけなのです。ですから私は、偉そうなことなんてひとつも言えません。なにしろその結果は失敗だらけですから。

「だから言っただろ？　そんなの無謀なことだって！」

これまでどれだけ人に笑われたかわかりません。

でも、もちろん成功するときもありました。

「すごいですね！　さすがですね！」

ほめてもらえれば私もうれしく感じます。

しかし、どんなに人にほめられても、逆に、どんなに人に笑われたとしても、私の心には、いつもちょっぴり違和感が残りました。なぜなら、まわりの人はいつも私の結果だけを見て私を判断していたからです。


しかし私にとって大事なことは、「どんな結果だったか」ではありません。結果に至るまでに「どんなプロセスを経たか」です。私にとって何よりも価値のあることは、目標を手にするために必死に考え、必死に行動し、必死に失敗し、必死に成功することなのです。

私はいまだって大した人間ではありません。

大した人間じゃないからこそ、どんなことも「とりあえずやってみる」のです。大した人間じゃないからこそ、必死にやり方を考え抜きます。大した人間じゃないからこそ、

行動すればするほど壁にぶつかって、次に進むための「言葉」を必死に心に浮かべるしかありません。

私は結局、そんなことをくり返してきたに過ぎないのです。

いくらダメ人間の私でも、最後の最後まで考え抜けば、状況を打開する「言葉」が心に浮かんできました。

……あ！　そういうことか！

……**こうすればお客様に喜んでいただける！**

……**こうすれば問題が解決する！**

……**こうすれば仕事が楽しくなる！**

ただし、常識とは正反対のような言葉もたくさん心に浮かびました。その証拠に、私の心に浮かんだ言葉を人に伝えるたびに、同業の経営者さんには、「そうだといいですね……」と失笑され、お客様には、「吉田さんらしい考え方ですね……」と遠回しに否定され、若いスタッフには、「……」と黙らせてしまうことがよくありました。でも、自分でこれだと感じた言葉を信じ抜くと、その言葉は心の支えになりましたし、自分を前進させる原動力になったのです。

そんな言葉探しは仕事や経営に対してだけではありません。**働き方、考え方、生き方、夢を見る方法**など、私は常に自分の心の中に浮かぶ言葉を探してきました。

そして自分が信じた言葉をいつも自分自身に言い聞かせました。

それはまさに、**ダメな自分に魔法をかけるように……!**

私のような人間でも大きな夢を見ることができたのは、そんなくり返しがあったからだと思うのです。苦しいときにいろいろな言葉を心に浮かべてきたおかげで、どんなに崖っぷちに立っていても、いつでも次の景色を見るためのエネルギーを得ることができたのです。


私が思い描いた言葉は、人とはちょっと違う言葉かもしれません。

しかし、そんな言葉だからこそ「魔法のような力」があるのかもしれません。

私はこの本で、自分が自分にかけてきた「魔法の言葉」をみなさんにお伝えしようと思っています。

もちろん、また人に笑われてしまうかもしれません。

しかし、私がＩＴ企業経営の10年間で、お客様や仲間たちと味わうことができた喜びはすべて、この本にぎっしりと詰め込んだ言葉の数々があったからこそです。

この本にまとめた言葉は、私のブログの記事からピックアップして、この書籍用にじっくり書き直したものです。紹介している言葉やその説明がもの足りない方は、ぜひＵＲＬをたどってブログもご覧ください。ＱＲコードを読み取ると楽にアクセスできます。

充実して生きていく上で必要なのは「魔法の言葉」です。

たのしく働く上で必要なのは「魔法の言葉」です。

少し常識から外れているようにも感じる「魔法の言葉」を、みなさんにひとつでも多く手にしていただいて、役に立てていただけることを願っています。

吉田 英樹

contents

contents

contents

01

いつのまにか
できていたりするもの

思ったらすぐ行動。

まずやってみる。

私の必勝パターンです。


こうじゃないな、こうかな、ああかな……あれ、できた！

悩みながらでも前に進めば、いつのまにかできていたりするものです。いや、私の場合、自分のキャリアのほとんどがその連続だったかもしれません。


失敗も怖れない！

恥をかいてもいい！

とにかく動きはじめて、動き続ける！

頭で考えて、悩んで止まっているくらいなら、まず行動してみること。案外それでできてしまうことは多いものです。

2014/08/27
http://www.ad-promote.co.jp/blog_ap/archives/8094
しめたもの！

02

なりたい未来を具体的にイメージしてみる

夢を叶えるのに必要なのは想像力です。

なりたい未来を具体的にイメージしてみてください。


自分が目指すものがぼんやりしていては熱意はわいてきません。実現したいことが頭の中にはっきりと想像できていると、自然にやる気もわいてきます。

「努力しよう」なんて思う必要はないんです。

「こうなろう」と想像さえできていれば体が勝手に動くはずですから。


想像することに努力はいりますか？

想像することにお金はかかりますか？

どちらもいりません。夢を叶えるのにはあなた自身が想像しさえすればいいのです。

2014/07/11
http://www.ad-promote.co.jp/blog_ap/archives/7906
その欲求を叶えるために！

03

できるできる
できるできる
絶対にできる！

絶対に無理だと思ってしまったことは実際にできません。
なぜなら、できないと思ったことはやろうとさえしないからです。

絶対にできると思ったことは実際にできます。
なぜなら、できることは結果が見てみたくなるので、自然に行動に移るからです。

できると思っていたのにできないこともあるでしょう。
しかし、あなたはできないのではなくて、あとほんの少しがんばればできるのです。

できないと思っていたのにできることもあるでしょう。
ただできないと思い込んでいるだけのことが、他にもっとあるに違いありません。

2007/06/12
http://www.ad-promote.co.jp/blog_ap/archives/955
絶対に無理？絶対に出来る？

04

必ず成功する法則

できるかできないか分からない挑戦をするとします。
成功する確率は50%。
半分は成功して、半分は失敗します。
もう一度挑戦すると、最初に失敗した人のうち半分は成功して、半分は失敗します。

そうやっていくと7回目には必ず成功するという計算になります。
これを7回目にはかならず成功する法則というそうです。

1回や2回の失敗でへこたれないでください。
最初は失敗があって当然です。
とりあえず7回の挑戦をしてみることを目標にしてみてはいかがでしょうか。

2013/09/06
http://www.ad-promote.co.jp/blog_ap/archives/6924
7回目は必ず成功する法則

05

学んだら実践

学んで刺激を受けることは楽しい体験です。

でもそこで満足して終わってしまったら意味がありません。
学んだことをきちんと実践して、身につけてから喜びにしないと。

こういう私も学んだだけで満足しがちなんです。
本を読んで「なるほど！」とうなったり、
セミナーに参加して「俺もやるぞ！」とやる気を出したり。
それだけで知識を得た気になってしまって、そこで成長したような錯覚をしてしまう。
でも、そんなに簡単に成長するわけなんてありませんよね。
ただ知識を脳みそにいれただけで喜んでいる私はきっとアホなんだと思います。

2014/09/09
http://www.ad-promote.co.jp/blog_ap/archives/8133
自分ノート

06

カタチにする

社長になりたいと思ったら、社長が書いた本を買ってみる。

素晴らしい営業マンになりたいと思ったら、気合いを入れて高価な靴を買ってみる。

契約を取りたいと思ったら、契約が取れた後に祝杯をあげるためのプレミアムビール（いつもは発泡酒）を買っておく。


夢を少しだけカタチにしておく。

それは夢を現実のものとするための大きな勇気になります。


小さくてもいい。

結果と関係があまりなくてもいい。

カタチとしてまずひとつそこに残ったということが大事です。

せっかく夢を持てたのなら、ひとつでもいいからまずカタチにしてみてください。

2014/09/24
http://www.ad-promote.co.jp/blog_ap/archives/8206
たった１つでもいいので

07

何よりも効く処方箋

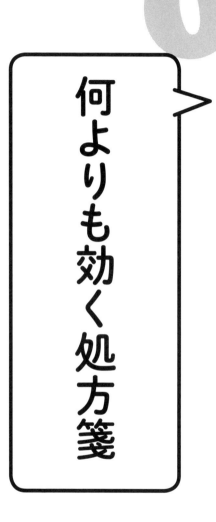

私は10年来、ほぼ毎日ブログをつけています。

しかしたまに心が折れそうになります。

(このブログ、誰が見ているんだろう？　誰一人見ていないんじゃないかなあ……)

さらに弱気になると、

(正直大変だしな。どうせ大したこと書いてないしな。誰も見てないんだからブログなんて書く意味がないな……)

そう思って、辞める決心をしそうになる。すると、そんなときに限って誰かが言ってくれる一言。

「ブログ読んでますよ!」

そんな一言に支えられて、ブログを続けてこられました。

人間の行動に何よりも効くのが「生の言葉」です。

生身の人間が直に言ってくれる一言に勝るものはありません。

2013/11/27
http://www.ad-promote.co.jp/blog_ap/archives/7116
読んでますよ！に救われる

08

やりたい理由

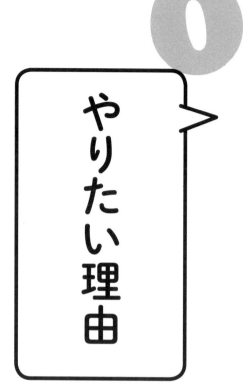

その仕事をやりたいと思う理由。
基本の３つは「責任、獲得、評価」です。

自分がやらないといけないとはっきりと感じていると、やりたいという思いが起きます。（責任）

それをやると何が得られるかはっきりしていると、やりたいという思いが起きます。（獲得）

それをすることで社会の役に立ったり、人に「ありがとう」と感謝をされると、やりたいという思いが起きます。（評価）

世の中にあるすべての仕事は、やる人にとってやりたいと思い始める理由がかならず含まれているものです。

2008/02/26
http://www.ad-promote.co.jp/blog_ap/archives/1196
仕事のやる気の５タイプ

09

不平等だから面白い

人はそれぞれ。

平等であるべきだと唱える人がいますが、全部が全部、平等なんて社会はありっこないですよね。
その人が最初から持っているものに差がある以上、機会や環境の平等を求めてもさほど意味がないと思います。

人間は最初から不平等にできています。
それは人間の前提のようなもの。
だからこそ、不平等をふまえて自分が叶えたいことを目指す。
だからこそ、不平等に生まれた自分自身の手で夢をつかみ取る。
ハンデ戦を楽しむからこそ人生はおもしろいのです。
……え、私ですか？　私こそ、ハンデが服を着て歩いているようなものですよ！

2014/08/26
http://www.ad-promote.co.jp/blog_ap/archives/8089
ずるい？

10

自分が決めた100点満点を目指す

人生は一度きりです。
死ぬときに自分の人生を後悔したくはありません。
だから私はいつも１００点満点を目指します。

ただし、他人が決めた１００点満点や世間一般の１００点満点にはなんの意味もありません。
私は、今日の自分が精一杯がんばればきっと手に入れることができるだろう１００点満点だけを目指します。

それは他の人からすると小さなものかもしれませんし、誰も欲しがらないものかもしれません。でも、自分ができるものと自分が欲しいものを一日一日積み重ねていくことで自分の１００点満点は少しずつ大きくなっていきます。

2013/11/13
http://www.ad-promote.co.jp/blog_ap/archives/7054
自分が決めた 100 点満点

11

つらくて面倒で
もう限界なのは

先が見えない……。
つらくて、もう考えるのも面倒……。
続ける意味すら分からない……。
ああ、もうイヤだ、もう限界だ……。

そんなことを考えているときは、じゃあ、どんな景色が見えればばうれしいのか考えてみてください。

見たい景色が決まっていない以上、そこにたどり着くことはできません。
見たい景色。
そこにたどり着く方法。
道に迷ったらまずこのふたつをはっきりさせることです。

2014/01/07
http://www.ad-promote.co.jp/blog_ap/archives/7217
その先に何が見える

12

世間は鏡

人の振り見てわが振りなおせといいます。

まわりの人にはいつでも教わることが多いものです。


相手が目上だろうと年下だろうと関係ありません。

コミュニケーションの中で、純粋に、「まねしたい」と思ったところはまねするべきですし、「いやだな」と思ったところは自分ではしないようにする。

これに尽きます。


でも、印象に残るところは、じつはすでに気がついている自分の中の一部なんです。嫌な人に出会ったら、それは自分の中の嫌な自分に出会っているということ。好きな人にあったら、それはまねできる素質が自分の中にあるということ。

いろいろな人としっかりと向かい合うことが大事です。

2014/07/17
http://www.ad-promote.co.jp/blog_ap/archives/7976
人の振り見て嫌ならスルー！

13

なくても
できるのが人間

お金がないからやらない。
時間がないからやらない。
楽しくないからやらない。
理解がないからやらない。
世の中がいけないからやらない。
やりがいがないからやらない。
やる気がないからやらない。

心の中に「ないからやらない」があると、それはあらゆることに「ない」が伝染してしまいます。逆に、「ないけどやれる」ようにするにはどうすればいいだろうと考えれば、自然に結果も変わってきます。
人間は考え方ひとつで、行動は「０」にもなるし「１００」にもなるものです。

2006/11/21
http://www.ad-promote.co.jp/blog_ap/archives/743
しょうがない・・・ない、無い、ナイナイ！

14

責任感のある人間だからこそ捨てる勇気が必要

納期がきついなあ……、またこの仕事か……、いつも面倒だな……。

心にわき上がる、このいやな気持ち。

これ、なかなか厄介なものです。


でもそれは、責任感の強さの表れかもしれません。つまり、やらなきゃいけないという責任感の強さがプレッシャーとなってしまい、自分でいやな感情を引き寄せてしまっているのです。

でも、せっかくそれだけの責任感があるのなら、いっそのこと心の中身にまで責任を持ってみてはいかがでしょうか。

「どうせやるなら心から喜んでやりますよ～！」

そんな意気込みでとりかからないとお客様にも失礼です。

自分の中にわき起こったマイナスな気持ちはきれいさっぱり捨ててしまいましょう。

2013/09/19
http://www.ad-promote.co.jp/blog_ap/archives/6949
捨てる勇気？

15

たたりのせいに
してしまえ！

私の特技は見切り発車です。

思いついたらすぐやる、まずやる。

この性分のおかげで得をすることも多いのですが、逆に、すぐに壁にぶつかって、ニッチもサッチもいかなくなってしまうことも多々あります。

……ああ、もうだめだ、今回はもう無理だ。

と、諦めてしまう前に、私はこう考えるようにしています。

……うまくいかないのは「たたり」のせいだ。お祓いしよう。


誰がいけないとか、時期がどうとか、状況がどうとか。うまくいかない理由を決めつけて、そこでチャレンジを終わりにしてしまうくらいなら、すべてを「たたり」のせいにしてしまいます。本当に神社でお祓いもしてもらえば、案外それで気持ちをリセットすることができて、いいアイデアを思いついたりするものです。

2014/04/18
http://www.ad-promote.co.jp/blog_ap/archives/7552
たたりのせいだ〜

16

感動倍増計画

なにか嫌なことがあったときは、
これはいいことが起きるための準備なんだ……！
と思うようにしています。

いま悪い状況だということは、後でうまくいったときに喜びも倍増するはず。だからこれは、後で味わう感動を倍増するための準備であって、これは感動倍増計画なんだと思うのです。

たとえば、営業職。
汗をかいても報われない。靴底をすり減らしても一件も契約が取れない。ただ真面目に仕事をやっているだけなのに、罵声を浴び、ツバをかけられ、全人格を否定される。
でも、それはすべて感動倍増計画の実行中なんです。
想像以上につらければ、想像以上の感動が待っていますよ。

2013/01/24
http://www.ad-promote.co.jp/blog_ap/archives/6218
感動倍増計画

17

幸運を手に入れる簡単な方法

大きな幸運をつかむにはそれなりの苦労が必要。

逆に、平凡に暮らす人には波風も立たないけれど、人生の手ごたえもきっと少ないことでしょう。

世の中にある上り坂と下り坂はちょうど同じ。それと同じで、人間の人生のプラスとマイナスも、じつはちょうどゼロになるような気がしてならないのです。


この感覚をふまえて考えると、幸運を手に入れる簡単な方法があります。

それは小さな幸せはがまんすることです。

楽したいとか、遊びたいとか。

そんな目先の小さな幸せをちょっとがまんすると、そのうち大きな幸運になって返ってきます。

人生って案外そんなものだと思うのです。

2014/02/07
http://www.ad-promote.co.jp/blog_ap/archives/7282
くじ引き人生!

18

才能は99.9%の努力で作られるもの

世の中には大きな偉業を成し遂げた人が多くいます。
そういった人の逸話を本で読んだり、聞いて知ったりすると、この人の人生は99・9％は苦しさだったんだなあと感じるときがあります。
世にいう才能のある人たちって、じつはほとんど99・9％の時間を努力で過ごした人たちなのだろうと私は思います。

だからこそ、
……あの人は才能があるから、私はできなくてもしかたがない。
……あの人は生まれつき恵まれているけど、私はそうじゃない。
そんな簡単な一言に済ませてはいけないと思うのです。

0・1％の喜びのために99・9％の苦しささえいとわない。
本当の才能はそんなところにあるような気がします。

2013/12/02
http://www.ad-promote.co.jp/blog_ap/archives/7106
なにをもって？

19

辛と幸

人生にはいいことばかりではないですよね。

つらいことだって多い。

幸せはなかなか遠いものです。

でもそれってじつは、ほんのちょっとだけ何かが足りていないってことです。

「辛」

「幸」

ほら。足りないのは線が一本だけでしょう。


つらくてしかたがなくなったら、なくしてしまった一本の線を探してみてください。きっと幸せが待っています。足りていないのは全部じゃないことがわかれば、いつだって「辛」は「幸」に変化するものですよ。

2006/08/21
http://www.ad-promote.co.jp/blog_ap/archives/701
会社とは

essay 僕は犬

僕は犬に生まれてしまった。
どうして人間に生まれてこれなかったんだよ！

「神様のばかやろ〜」

人間はいいよな〜。
自由で勝手でわがまま放題！
僕も人間みたいに自由になりたい！
この鎖さえなければ、僕も自由になれるのに！
そしてあるとき……。鎖が壊れた……。
自由だ！

僕は自由になれたんだ！
もうこんな狭くて苦しくてつまらない生活からも解放される！

「神様ありがとう！」

そしてはれて自由に……。
数日経過……。

腹減った。
腹減った。
食べるものはないのか？
自由になれたのはいいけど食べるものがないよ！
どうすればいいんだ？　あ〜、腹減った。
「神様のばかやろ〜」
そしてさらに……、日々は過ぎる……。

もう限界。このままでは死んでしまう。

は・ら・へ・っ・た。

今まであたりまえと思っていた食事がこんなにありがたいとは！

自由になってはじめてわかったよ。

もう自由なんていらないから僕に食べるものちょうだい！　家に帰りたいよ〜。


すると、飼い主と偶然出会う……。

「やっと見つけた！」

飼い主が泣きながら、僕を抱きかかえる……。


……知らなかった。

僕がいなくなってからずっと探してくれていたなんて。いままで僕のことをこんなにも大切にしてくれてたなんて。


わがままだったのは僕のほうだったよ。鎖でつながれていることなどもう気にならないよ。

だからこれからはず〜っと一緒だね！

「神様！　僕は犬でとっても幸せだよ！　ありがとう」

2006/11/28
http://www.ad-promote.co.jp/blog_ap/archives/750
〜僕は犬〜

20

いいわけ保険

自分から動いて失敗すると責任を問われます。

それが嫌な人は、わざわざ自分から動かずにただ人に言われたことだけを言われた通りにやろうとします。

言われたことだけやりさえすれば、

「あの人に言われなかったからやりませんでした」

と言えますから。

そんないいわけ保険で自分を守って、結局、自分の成長まで止めてしまっている人って多いですよね。


自分が傷つくことを避けさせてくれるいい理由が見つかると、人間の心は勝手にそのチャレンジをしなくてもいいと判断してしまいます。

そうやって、自分の人生の可能性も失っていきます。

ああ、もったいない、もったいない。

2012/10/27
http://www.ad-promote.co.jp/blog_ap/archives/5730
いいわけ保険・・・

21

え？
そこまでやるの？

世の中には、聞いて驚かされてしまうような仕事っぷりをする人がいるものです。

私だって、どうせやるんだったら、

「ええ～！　そ、そこまでやるんですか？」

「はあ～！　徹底してますね！」

と相手に驚かれるくらい仕事に取り組まないといけないと思っています。それくらいの仕事をしてこそ、仕事にも感動や価値が生まれるものですから。

「いえいえ、ここまでやってあたり前なんですよ～」

なんて涼しい顔をしながら答えて、相手が目を丸くするくらいだと快感ですね。

2014/10/14
http://www.ad-promote.co.jp/blog_ap/archives/8280
そこまでやる？

22

ホームとアウェイ

ホームとアウェイ。
たしかにホームは居心地がいい。

私だってアウェイなんて大っ嫌いですよ。
苦手だし、
恥かくし、
味方もいないし、
思い通りにいかないことだらけだし。
でも、毎日ホームの中にいてもお金にもならなければ、成長だって
1ミリもしません。
だから私は、無理やりにでもアウェイに出向きます。
すると、社会人経験値は常に増しますし、いつの間にかさまざまな
世の中スキルも身についていきます。
アウェイに身を置いてこそ社会人は成長するものだと思います。

2014/09/26
http://www.ad-promote.co.jp/blog_ap/archives/8214
ホームとアウェイ

23

強い相手がいるからこそ自分が成長できる

強敵現る！
しかし、見事に惨敗。
あなたなら次にどうしますか？

実力が違いすぎるから負けてもしょうがないと、あきらめてそこで終わりですか？
次は絶対に勝つと、無謀な戦いに挑み続けますか？
私だったら、まだまだ修行が足りないと思い、次の決戦に備え修行します。

いつまでたっても強くなれないのは、強い相手との戦いを避けているからではないでしょうか。強くなりたいならしっかりと準備をして、勝つまで何度でも戦うのがいちばんの近道だと私は思っています。

2014/09/22
http://www.ad-promote.co.jp/blog_ap/archives/8194
強敵が現れたら？

24

行動ができなくなるのは怖さを知っているから

なかなか行動に移せないという人が世の中にはたくさんいます。

それは、怠けたり、ふざけたり、能力がないからでしょうか？

いいえ、その理由は怖れにあります。

怖れがあるからこそ動くのをためらっているだけ。何かが劣っていて行動できないわけではけっしてありません。


しかし、そんな人にはぜひおすすめしたい方法があります。

それは「仲間と一緒に行動する」という方法です。


仲間の存在って大事。

自分の行動を変えてくれます。

同じ景色を見て、同じ経験をしてくれる仲間や、時には勇気づけてくれたり、背中を押してくれる人が、自分のまわりにいるかどうかで人生の収穫も大きく違ってくると思います。

2013/03/27
http://www.ad-promote.co.jp/blog_ap/archives/6566
臆病なのは

25

コーヒーとコーラ

コーヒーだと思って飲んだらコーラだったってこと、ありませんか？
そうだと思い込んでいたらまったくの見当違いだった、みたいなことって誰にでもあると思います。

でもこう考えると、思い込んだときの勢いはすごいものがありますよね。コーヒーと思い込んでコーラを飲んだら、絶対に吐き出しますもんね。

思い込み方によって人間の行動は変わります。
「こうはなれないな」という思い込みを「絶対に自分はこうなるんだ」という思い込みに変えれば、余計な怖れもなくなってすごい勢いだってきっと生まれます。
……と、私は思い込んでいます。

2014/10/02
http://www.ad-promote.co.jp/blog_ap/archives/8241
思い込み！！

26

思いは声に出して言葉で伝えたい

ある日の朝礼の際に、

「神様について自分の意見を発表してください！」

とだけ言って、スタッフに自由に発言してもらったことがあります。

10分くらいの時間でしたが、いろいろとおもしろい意見が出ました。

もちろん神様について誰がどうとらえようと自由です。

大事なことは、その思いを相手にきちんと伝える力です。

近頃の人は、直接の言葉によるコミュニケーションを避けて、メールやLINEなどのツールに頼りがちです。しかし、会話することで自分の思いを相手に伝えたり、相手と直接話すことで相手を納得させる力は、社会人として生き抜く上で大事な能力だと私は考えています。

2014/06/05
http://www.ad-promote.co.jp/blog_ap/archives/7735
自分の意見！

27

仕事が楽しくないのは
もったいない

生活のためだから仕方ない。

がまんして頑張っている。

できればやりたくない。


仕事は楽しくないものと思い込んでいる人っていますよね。

もちろん仕事をどうとらえようと個人の自由です。でも、限りある自分の人生の時間を使って、わざわざ楽しくないことをやっているなんてもったいない。

人間は人生の大半を「仕事をして過ごす」のです。

その仕事が楽しくないということは「人生の大半が楽しくない」ということ。

仕事が楽しくないなんて思い込みは、自分の人生をわざわざつまらなくする勘違いです。もしそう思っていたら、どうして楽しくないのかをしっかり突き詰めたほうがいいと思いますよ。

2013/04/06
http://www.ad-promote.co.jp/blog_ap/archives/6610
やれ！

28

自分の心が結果になる

私は、バリバリの体育会系営業マンでした。

職場はまるで軍隊。

目標が達成できなければボロクソに言われましたし、人間扱いされたことなんて一度もありませんでした。世間をまだ知らない私にとって毎日はまさに地獄でした。

しかし、この地獄のおかげで、「仕事で結果を出す方法」を私は毎日考えることができました。

何を言われてもニコニコ頭をさげまくるか……?

死にものぐるいで営業しまくるか……?

休日返上で働き続けるか……?

全部違うと思います。

結局、仕事の結果とは「自分の心」が現れたもの。苦しい気持ちからは苦しい結果しか生まれないし、楽しい気持ちからしか楽しい結果は生まれないと思っています。

2014/04/02
http://www.ad-promote.co.jp/blog_ap/archives/7472
自分自身だろ！

29

五つの「あ」

仕事がうまくいっていない人は、この五つの「あ」ができていない人かもしれません。

① あいさつができない
② ありがとうが言えない
③ あやまれない
④ あたまを下げられない
⑤ あたらしい事に取り組まない

でもこれって、幼稚園のときには誰もができていたことです。大人になるに従って、いつの間にかに心の奥にしまい込んでしまうのはどうしてでしょう？

（参考・モルゲン人材開発研究所・澤田富雄所長『なぜか途中で挫折する人』の心理分析）

2009/02/23
http://www.ad-promote.co.jp/blog_ap/archives/1497
五つの「あ」

30

面倒な仕事にこそ価値がある

面倒だから誰もやらない仕事。

儲けがないから誰もやらない仕事。

できそうにないから誰もやらない仕事。

そういった仕事を、仕事ができる人は喜んでやります。


そもそも仕事の価値は「成果の大小」で決まるものではありません。面倒で、儲けがなさそうで、できそうにないことをうまくこなすからこそ、その仕事は価値の高い仕事になります。

そのような仕事をうまくこなしている人は、仕事に対する姿勢や能力も高く評価されます。すると、大きな結果をつくるチャンスも舞い込んできて、自分が新たに成長するチャンスもやってきます。

引き受けてしまったら厄介だな……と感じるような仕事こそ、じつは自分を高めてくれるいい仕事なのです。

2013/07/17
http://www.ad-promote.co.jp/blog_ap/archives/6877
誰もやらないから・・・

31

一番もったいない時間は
何かを探している時間だよ

私はよく夢を見ます。
夢の中でも私は仕事をしています。

夢の中の私は、それはもう自信に満ちあふれていて光り輝いています。自分でもほれぼれするくらいの手際の良さと段取りの良さで次々に仕事をこなしています。
そんな無敵の私が、夢の中では必ず調子に乗ったカッコいいセリフを吐くのですが、いつかこんなことも言っていました。

「いちばんもったいない時間ってどんな時間か知ってますか？
それは何かを探している時間ですよ」

寝ている私の方が、案外いいことを言うのかもしれません。

2013/03/09
http://www.ad-promote.co.jp/blog_ap/archives/6487
夢の中の迷言

32

仕事って時間の長さ
ではなく質なんだな

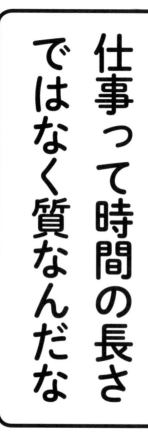

たまに私は、自分最適化をします。

それは、どうやるかというと「やることリスト」をつくるのです。


やることリストを作るときの大事なポイントは、いまやるべきことだけをリスト化することです。「優先順位」や「かかる時間」でリスト化すると、結局、いま何をどこまでやるのか曖昧になってしまい、仕事がいつまでも片づかなくなります。

とにかく何も考えずにこれをやる!

あとはそれに沿って仕事をこなすだけ!

そんなリストに従って、頭を空っぽにして仕上げていくと、何日も片づかなかった仕事を一気に消化することができるのです。

無限に時間を使っていつまでも視野を広げていると、仕事への集中が欠けてしまいます。そんなときは、一旦仕事をやるべきことでリスト化して、質を追求するのがいい解決法のようです。

2014/08/21
http://www.ad-promote.co.jp/blog_ap/archives/8075
順番に順番に!

33

飽きないことが商いの秘訣だよ

同じことのくり返しの毎日でも、きちんと成長している。


これは小学生の頃、おばあちゃんに教わった言葉です。

私はいまだにたびたび思い出しては、心がよそを向こうとしたときに助けてもらっています。


仕事って本当に自分の心との戦いです。

くたびれたな……。

つまらないな……。

気持ちが乗らないな……。

そんな気分になるときもあります。

でも、そう思ったところで何もいいことはありません。なので私は、「こつこつと長く続けることがいちばん大切だから飽きずに楽しくやろう！」と自分の心にいつも言い聞かせています。

2014/06/20
http://www.ad-promote.co.jp/blog_ap/archives/7806
飽きない事が商い秘訣

34

楽な仕事っていうのは

どうせ仕事をするなら、

「え？　もうこんな時間？」

と思えるような仕事がしたいですね。時間を忘れて夢中になれる仕事ほどラクな仕事はありません。


逆に、つまらないことほど時間が経たないものです。

私の場合、学校の授業がそうでした。

苦手な先生や苦手な教科だと、いつまで経っても終業のチャイムが鳴りませんし、座り続けていることさえ苦痛でしかたありませんでした。

しかし、会社の仕事はそうは言ってられません。

解決するには仕事のおもしろさを知って、仕事の楽しさをたくさん持つことしかありません。

2014/10/16
http://www.ad-promote.co.jp/blog_ap/archives/8289
楽な仕事っていうのは

35

「でも」の有効活用法

「それ絶対無理です!!」

「私にはできません!!」


たまに出てしまうこのセリフ。

だって無理なものは無理ですもんね。

いろいろなお客様といろいろな仕事をしていると、無理難題を言われてしまうことがあります。しかし、そこでそう答えて話を終わらせてしまったら嫌なムードが残るだけです。そんなとき、そのムードをいっぺんに引っくり返す魔法の言葉があります。

それはただこうつけ加えるだけ……。


「それ絶対無理です!!　でも!　精一杯頑張ります!」

「私にはできません!!　でも!　できる限りやります!」

2013/01/18
http://www.ad-promote.co.jp/blog_ap/archives/6202
でもの有効活用！

36

え？
これがラジオ体操？

ある朝のことです。

私はテンション高めに、オフィスビル立ち並ぶ都内の歩道を歩いていました。するとそのとき、私の目に飛び込んできたのはラジオ体操でした。

そこは誰でも知っているような大手企業のオフィスです。通りに面した全面ガラス張りのすぐ向こうで、スーツ姿の社員一同が朝のラジオ体操をやっているのですが……。

……え？　これがラジオ体操？

私は、そのあまりのやる気のなさに唖然としました。


しかしこれは、指導者側の問題なのです。

やるからにはきちんと目的を伝えること。きちんと目的意識を共有させることです。そうしない限り、職場でするラジオ体操なんてほとんど意味なんてありません。

2014/02/25
http://www.ad-promote.co.jp/blog_ap/archives/7350
ラジオ体操！

37

「ありがとう」が良いチームの共通点

「ありがとうございます」

この言葉こそ、チーム力アップにもっとも必要なことだと私は思います。


「ありがとうございます」があるから、個々の「責任感」がうまれます。

個々に責任感があるから、自分のやるべきことがつらくても何とかしてやりきることができます。自分がやるべきことをチーム全員がするから、チームにいい結果が出ます。

そして、そんな結果が出るからこそ、

「ありがとうございます」

と心の底から言える。

それは儀礼的なあいさつではありません。

心から自然に出てくる本当の「ありがとうございます」です。

こんな人たちが所属するチームって最高のチームだと思います。

2014/08/08
http://www.ad-promote.co.jp/blog_ap/archives/8051
「ありがとうございます」

essay

バネ君

僕はわき役……。

いつも僕の上に乗って蹴飛ばすだけ蹴飛ばして
遠くに飛んで行っちゃう……。

僕はわき役……。

いつも僕にぶら下がって
気持ちよくしている……。

僕はわき役……。

僕をクッション代わりにして
羽ばたいてゆく……。

でも、僕がいたからこそ
みんな幸せになれるんだね。

みんな必ず僕を必要としてくれる。
だから僕はバネに生まれて来たことを
誇りに思います。

僕はバネくん！
よろしくね。

僕はわき役……。

だからプレッシャーには超弱いんだ……。

プレッシャーがかかると緊張しちゃって
バネがまるでギターの弦になっちゃうんだ！
ず～っと張り続けられるとバネに戻れなくなっちゃうよ。

そしたら僕は僕でなくなっちゃう……。

だから僕は僕なりに張り詰めないで
バネのままでいることにしたんだ……。

これって僕らしいでしょ！

僕はバネくん！
よろしくね。

2007/06/21
http://www.ad-promote.co.jp/blog_ap/archives/973
バネ君

38

口は一つ
目と耳は二つ

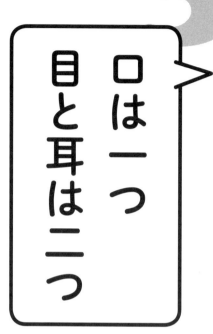

口は1つしかありません。
でも、目と耳は2つあります。
それってつまり、目や耳は、口の2倍使えということ。

自分が話すより、相手をよく見ること。
自分が話すより、相手の話をよく聞くこと。
これがなかなかできない。
私はいつも反省しています。

社会人にとって伝えることは大事なことです。
自分のことを伝えたり、情報を共有したり、重要な責任を委ねたり。
伝えることをうまくするためには、まず見ることと聞くことが大切です。

2014/11/05
http://www.ad-promote.co.jp/blog_ap/archives/8369
1つと2つの訳

39

指摘は素敵

指摘されると人はいろいろと感じるものです。

……私が悪いの？

……なんなの、あの言い方？

……私の意見のほうが正しいはずなのに！

自分は頑張ったという思いがあれば、人から受けた指摘はなお受け入れにくくなります。


でも、上司やお客様にされた指摘って聞いておいて損はないですよ。いずれにしてもその指摘さえクリアすれば相手の満足を得られるわけです。他の人にそのことについて指摘されないような自分になれるわけです。

指摘って、自分が1ポイント成長できるチャンスをもらったようなこと。ありがたいものなのです。

2014/05/27
http://www.ad-promote.co.jp/blog_ap/archives/7700
指摘は素敵！

40

お互いに見ている場所を
ちょっと変えてみては？

自分にはどう見ても「青」にしか見えないものが、別の人から見たら「赤」に見える場合があります。

「絶対に赤だ！」

「いや、青だ！」

おたがいに自分が正しいと信じてやまず、相手が間違っていると信じてやまないと、平行線のまま争いが起きます。解決方法が争いしかないなんて、ちょっと悲し過ぎますよね。

でもそんなときは、見ている場所をちょっと変えてみては？

あれ？

今まで「赤」や「青」にしか見えなかったものが、今度は混ざって「紫」に見えたりするものです。

2012/08/11
http://www.ad-promote.co.jp/blog_ap/archives/5344
見てる場所によって…

41

人生の知恵は幼稚園の砂場に埋まっています

元気よくあいさつする。
自分勝手をしない。
みんなで分け合う。
ずるをしない。
人を傷つけない。
いやな思いをさせたら謝る。
使ったものはかならず元の場所に戻す。
人のものをとらない。
弱い人や新しい人に親切にする。
仲間はずれしない。

人生の知恵は大学院という山のてっぺんにあるのではなく幼稚園の砂場にあるもの。小さい頃にはみんなあたりまえにできていたことなのに、大人になるとできなくなるから不思議です。

2007/05/21
http://www.ad-promote.co.jp/blog_ap/archives/910
幼稚園の砂場に学べ

42

いい人は都合のいい人

笑顔でいつもニコニコしている人。

よく気がつき世話をしてくれる人。

いろいろな「いい人」がいますが、それってじつは「都合のいい人」のことではありませんか？　では逆に、イライラして小言ばかりいう「都合の悪い人」は「嫌な人」でしょうか？


でも、ちょっと待ってください。

都合が悪いことを言う人って、「親のような人」ってことではないでしょうか。嫌だなあと思うような言葉を言ってくれるのは大切に思ってくれている証拠です。本当に大切な人はあなたに嫌な言葉をまっすぐに言ってくれる人です。

面倒に思うこともあるでしょう。

うるさいと感じることもあるでしょう。

でも、その人はあなたにとって大切な人なんです。

2008/07/14
http://www.ad-promote.co.jp/blog_ap/archives/1346
いいひと

43

足りないのは頼ること

WHEN（いつする?）　WHO　（だれがする?）

WHERE（どこでする?）　WHAT（なにをする?）

WHY（どうしてする?）　HOW（どのようにする?）

HOW　MUCH（いくらでする?）


仕事はこの5W2Hをいつもチェックしながら作業計画を立て、実行することが大切です。


しかし、すべてが計画通りにうまくいくことなんて滅多にありませんよ。そして、5W2H通りに進まなかったからといって、そこで足踏みしていても仕事はただ止まってしまうだけです。

そんなとき、誰かに聞くことを忘れていませんか?

仕事だからこそ「頼らなければならないこと」があります。

いざというときに頼り、頼られることこそが本当のチームワークなのだと私は思います。

2012/12/11
http://www.ad-promote.co.jp/blog_ap/archives/5988
足りないのは「頼ること?」

44

天職は30歳までに決めればいい

「石の上にも3年。天職は30歳までに決めればいい」

これは学生時代の恩師と親から言われた言葉です。20代の頃は座右の銘にしていました。


その仕事がどんな仕事か。自分に向いているかどうか。

それは結局、自分自身がある程度成長してみないことには分からないものだと思います。


仕事をはじめて1年目、2年目は迷いも多い。

ようやく仕事を任されるようになるのが3年目。

お客様とも安心して商談できるようになるのもきっとそれ以降。

やっぱり3年やらないと。

まずは何ごとも3年はやってみるべきだと思います。

2013/11/20
http://www.ad-promote.co.jp/blog_ap/archives/7087
向き不向き？？

45

マネから
オリジナルへ

才能なんてひとかけらもない私です。

こんな私がビジネスで成功できる唯一の方法は「いい基本」をつくることだと思っています。


そのために、まずは師匠や上司のまねをすること。

そこから基本づくりをはじめてください。


スポーツだってそうです。

まず指導者のいう通りにやってみて、教科書通りにまねて、最初に基本をしっかり身につけた人は上手になります。

あとで失敗に気づいたときも基本がある人には戻るところがありますが、最初から自分なりだとゼロからやり直さないといけなくなります。

2007/03/15
http://www.ad-promote.co.jp/blog_ap/archives/853
マネからオリジナルへ！

46

くり返しくり返し
行なうことが
匠への最短コース

くり返し、くり返し。

同じことのくり返しを馬鹿にしちゃいけませんよ。そうすることが匠の領域に近づくことができる唯一の方法です。


でも、何をくり返せばいいのでしょうか?

それは「初心」です。


最初に感じたこと、それが大事です。

いろいろと工夫してやり方を改良するのはいいのですが、やっている目的まで変えてしまっては初心のくり返しにはなりません。積み上げてきたものが矛盾していずれ破綻してしまいます。

つまり、初心忘れるべからず。

この言葉に尽きます。

2007/06/14
http://www.ad-promote.co.jp/blog_ap/archives/957
いつのまにか・・・・

47

会社はすべてを映し出す「人の鏡」

会社っていったいなんでしょうか？
会社は社長の私物でしょうか。
もちろん、違いますね。
では社員のもの？　これも違います。
じゃあ株主のものでしょうか？
これもやはり違うと思います。

ではいったいなに？
私はこう思います。
会社は人を映す鏡です。

会社とは、経営者、社員、株主、提携業者様、お客様、その会社に関わるすべての人を映し出す鏡だと思います。

2006/08/21
http://www.ad-promote.co.jp/blog_ap/archives/701
会社とは

48

出会うことによって人は互いに育つもの

経営者や管理職になると必ずぶちあたる壁。

人は育つものなのか。

それとも、育てるものなのか。

経営セミナーなどではよく取り上げられるテーマですが、みなさんはどう思いますか？


私はこう思います。

人は「育てる」ものではありません。

「育ちたい人」と「育てたい人」が互いにめぐりあうことで、おたがいが成長できるものだと思います。


つまり、人はめぐりあうもの。

そのめぐりあいを信じ切るということが、私の答えです。

2006/07/19
http://www.ad-promote.co.jp/blog_ap/archives/685
人は「育つもの」それとも「育てるもの」？？

49

主役と脇役

主役になって成功する方法を私は知っています。
それはいい脇役に恵まれることです。

主役と脇役はいつもワンセット。
つまり、いい経営者を主役とするならば、いい脇役となるのはそこで働くスタッフ。
いい営業マンを主役とするならば、いい脇役は事務職の人たち。
いい社員を主役とするなら、いい脇役は無能な社長となるのかもしれません。

結局のところ、社会では誰もが輝くことができるのです。
ただし、その場の主役、その場の脇役を見極めて、それぞれが役割に徹することが重要だと思います。

2007/06/02
http://www.ad-promote.co.jp/blog_ap/archives/941
主役と脇役

50

やっぱり
現場がすべてだよ

尊敬しているある経営者がこんなことをおっしゃっていました。

「現場にいないと需要が見えなくなってしまう」

たしかにそうだと私も思います。

しかし一方では、こんな言葉も聞きます。

「経営者はプレーヤーになってはいけない」

なるほど。それもまた真実。さて、どちらが正しいのでしょう？


現場に出れば需要が見えて、お客様の喜びにもつなげることができます。現場で行動して、感じて、考えて、思いついて、次の一手を打って、どんどん解決して、どんどん成長していく。もしも私が、現場の楽しさを経験していなかったら、会社をはじめようとも思わなかったかもしれません。

そんな現場出身の私ですから、やはり現場がすべてだと思っています。

2014/05/19
http://www.ad-promote.co.jp/blog_ap/archives/7669
現場復帰？

51

いざって時のために

あるときのことです。

通常の打ち合わせのつもりで訪問先に行くと、なんと50人以上集まってプレゼンの場となっていたことがありました。

当然プレゼン用の資料など用意していません。

なんとか場を切り抜けようにもいいアイデアはありません。

結局、あいさつ程度のお話しかできず、悔しい思いをして終わってしまいました。


それ以来、二度とこのような不甲斐ない結果とならないよう、「会社説明資料、サービス説明資料、自分説明書」をいつでも準備し、いつでもプレゼンできる状態にしています。

営業体制を常に整えておくこと。

いついかなる時であっても忘れてはいけないことだと思います。

2013/12/04
http://www.ad-promote.co.jp/blog_ap/archives/7130
イザって時に・・・

52

無能だ、無能だ。

愚痴はこう変換できます。

「ああ、忙しい、忙しい」　↓　私は、無能だ、無能だ。
「ふぅ、疲れた、疲れた」　↓　私は、無能だ、無能だ。
「え？　絶対に無理です」　↓　私は、絶対に無能だ。
「超めんどくさいなあ！」　↓　私は、超無能だなあ！
「お前、やる気あるのか！」　↓　私は、やる気が足りてません！
「どうしてできないんだ！」　↓　私は、教え方が下手だ！
「何度言えば分かるの？」　↓　私は、何にも分かってません！

正直に申し上げますと、私は上の言葉を連発してしまっています。
しかし、口にするたびに変換後の言葉を思い出してその都度自分の愚かさに打ちのめされています。

2011/08/09
http://www.ad-promote.co.jp/blog_ap/archives/2273
僕は無能だ！

53

やっぱりアナログが好き

極度のスマホ依存症の私。

朝起きたらスマホ、電車に乗っていてもスマホ、食事が済んだらスマホ。ふとした瞬間についつい手を伸ばしてしまうのがスマホです。


こんな私ですがスケジュール管理は紙の手帳と決めています。

なぜなら手帳は責任の重さを感じさせてくれるからです。


私は手帳をどこへでも持ち歩いています。

開いたり閉じたり、書きこんだり消したり。使う用事がなくても持っています。

そのずしりとした重さを感じながら、

「この重さは仕事の責任の重さだ」

と自分に言い聞かせています。

2011/02/28
http://www.ad-promote.co.jp/blog_ap/archives/2123
やっぱりアナログが好き！

2014/08/04
http://www.ad-promote.co.jp/blog_ap/archives/8035
スマホと向き合う必要あり

54

もういいんじゃない？

私にしてみれば、

「もういいんじゃない？」

って本気で思うようなことも、大成功を収めている人にしてみれば、

「まだまだ足りない！」

と、どうやら思うらしい。


すごい結果を世の中に残すような人たちにとって、きっと「満足」なんて言葉はないのでしょう。現状に満足することなく、常に進み続けているから、その人にしかなし得ないような成功があるのかもしれません。


「足りない足りない！」

「もっともっと！」

私も、いつも自分にそういい聞かせたいと思います。

2012/10/11
http://www.ad-promote.co.jp/blog_ap/archives/5625
もういいんじゃない？

55

有言実行のプロセス

「こうやります」と言って、それを実行する。

有言実行の意味って、ただそれだけのことでしょうか。


簡単にできることを有言実行してもあまり意味がありません。

自分にとって超えられるか超えられないかのことを有言実行するからこそ乗り越えるだけの意味があります。

「あんなこと言って、バカじゃないの?」

なんて言われながら負けん気でがんばっていれば、たとえいい結果につながらなかったとしても、できてあたり前のことを挑戦している人と比べたら手にする経験値は大きいはずです。

どんなこともそうだと思います。

ただ達成することにこだわるのではなく、意味のあるプロセスや、身のまわりにあるあたり前のことに感謝することなどが、成果の本当の価値につながるのだと思います。

2006/09/05
http://www.ad-promote.co.jp/blog_ap/archives/705
有言実行のプロセス

essay

ネジ君

僕はネジ……。
大きな部品が外れないよう支えるために
生まれてきたらしい……。

僕はネジ……。
たくさんたくさんいるネジの中のひとりです
……。

だから……。
僕一人いなくなっても
なんら影響ないと思うんだ……。

僕はネジ……。

僕は何のために存在するのかな?
たいして期待されていないんじゃないかな?
一生懸命支えている意味あるのかな?

なんだか疲れたな~。
もうネジ穴からはずれて自由になっちゃおうかな?
もっと目立つ部品になりたいな……。
いいな~バネ君は。
自由に跳ねることができるし……。
柔軟な体も持っているし……。
僕なんてネジだよ!!
くるくるとまわされてはめられるだけの存在……。

完全に主役を支えるための道具じゃないか!

あ〜あ……。
なんだか愚痴ばっかり……。
バネ君はいいな〜。

＊

僕はネジ！
毎日毎日ひたすら地味な
ネジをやっています……。

つまらないな……。

今日もそんないつもと変わらない平凡な日だと
思っていたのですが、
ある出来事が起きました……。

いままであまり話したことがないバネ君が
僕のところに来て、
こんな風に僕に言った……。

「いいな〜ネジ君はうらやましいな〜」と……。

なんで？
バネ君の方が絶対にいいはずなのに。
なんで僕みたいなネジを
うらやましいと思うのだろう？
もしかして、僕を馬鹿にしているのかな？

どうしても理由が分からないので
僕は勇気を出してバネ君にきいてみた。

「ねえバネ君」

「どうして僕なんかがうらやましいの？」

するとバネ君はこう言った！

ネジ君はどんな事があっても
力強く支えているよね！
しっかりと堂々としていてうらやましいよ。
僕なんかプレッシャーに弱くてさ……。
バネの役目を果たせないときがあるんだよ……。
緊張するとさ、ピーンと針金みたいになっちゃって……。
いつも怒られっぱなしだよ！
怒られるとさらに緊張しちゃって、
自分の姿を見ると、
「バネの姿はどこいっちゃった？」
って感じ……。

もう笑っちゃうしかないよね。
僕はいままでバネ君をうらやましいと感じていた。
でも……。
バネ君も一緒だったんだね！

「バネ君。僕も同じように
バネ君をいままで
うらやましいと思っていたんだ。
自由に跳ねることができて
柔軟な体も持っていていいなって」
「バネ君は本当に
僕にはできないすばらしいものを
もっているんだから、

そんな風に考えなくてもいいと思うよ。
ぴょんぴょん飛び跳ねているバネ君は
とってもかっこいいよ！」

僕がそう言うと、
バネ君はうれしそうに笑ってくれた。

なんだかちょっと僕もうれしかった……。

2007/07/15
http://www.ad-promote.co.jp/blog_ap/archives/996
ネジ君

56 波瀾万丈な生き方？

友人に、「お前の人生は波瀾万丈ですごいな！」と言われたことがあります。

でも、自分ではまったくそうは思えません。

どんなことがあっても過去は過去。

未来なんてどうなるかは誰にもわからない。

大事なのは今この瞬間です。

過去や未来が波瀾万丈だろうが、いま現在、自分の置かれた状況がどんなにつらかろうが、どんなに幸せだろうが、そんなものはただの状況に過ぎないと思います。

私にとって重要なのは「状況」ではありません。

そんな状況を「どう生きるか」だけを考えたいのです。

いま、「幸せ」なら、その「幸せ」をちょっとでも長く続けたい。

いま、「つらい」なら、その「つらさ」は未来の幸せのための準備だと思いたい。ただ、それだけなのです。


未来は1秒先も予測不可能。だから楽しいもの。

そんな未来をどうしていきたいのか。楽しい未来をいつも夢みながら、ほんのちょっとでもそこに近づいていければ幸せだと私は思います。

私は本当に「生まれてこれて良かった」です。

そして、「人生は短いなあ」と感じる歳にもなりました。

残りの人生を幸せにするために、どう生きるのか、どう生きたいのか、どう生きるべきなのかを、これからも毎秒、毎秒考えていきたいと思います。

2008/01/11
http://www.ad-promote.co.jp/blog_ap/archives/1169
波瀾万丈な生き方？

57

真実と嘘……

人間は嘘をつく動物です。

それは、言葉がある故のことなのかもしれません。

おそらく誰だって「嘘」をついたことがあることでしょう。

でも、「嘘」という言葉のイメージは良くありません。

それはきっと、幼稚園児のときに、「嘘をついたら駄目ですよ」と教えられたからかもしれません。もしくは、嘘をついた人なら誰でも経験する「あと味の悪さ」が理由なのかもしれません。

では「嘘」は本当にいけないことでしょうか？

いいえ、私は違うと思います。

時と場合によって、「いい嘘」もありますし、「必要な嘘」もあると思います。

たとえば愛する家族を心配させないための嘘。

もしも私が、末期癌で「余命3ヶ月」と診断されたとします。それが真実であっても、私だったらその事実は言ってほしくはありません。「ただの腫瘍だから大丈夫だよ」と嘘をついてほしいと思います。

もちろん、余命告知に対する考え方や感じ方は人それぞれでしょう。でも、私のような臆病で気の弱いタイプには、たとえどんなに私が「真実を教えてほしい！」と頼んでも、心を鬼にして嘘をついていてほしいと思うのです。

そのような場合の嘘は、嘘は嘘でも、優しい嘘だと思います。


そして、子供を教育する場合にも「いい嘘」があります。

たとえば、子どものやる気を育てるためには、多少の嘘も含めながら言葉をかけることが必要だと思います。大人の常識ばかりを言ってしまっては、子どもに秘めたさまざまな可能性をつぶしてしまうかもしれないからです。


やはりこの場合の嘘も、優しい嘘。

優しい気持ちを持っているからこそ許される嘘は他にもきっとさまざまあるのではないでしょうか。


人が人に伝える言葉って難しいものです。

「嘘」だからといって、悪いということはありません。

「真実」だからといって、いいということもありません。

きっと言葉の良し悪しは、嘘か真実かではないのでしょう。

私が思うに、相手を「傷つけてしまう」言葉はきっと悪い言葉であって、相手を「勇気づけて元気づける」言葉であればそれはきっといい言葉なのだと思います。


生きているとつらいことばかり。

だから、真実と嘘は自分のためではなく、他人の気持ちを第一に考えて、使い分けたい。

弱っているときに心に傷が残るような「真実」は追い討ちになります。誰の心だって弱いものだから、そんなときこそ愛のある「嘘」を使える人間になりたい。

それが私の答えです。

私は、愛のある上手な嘘をつける人間になりたいです。

2007/11/18
http://www.ad-promote.co.jp/blog_ap/archives/1124
真実と嘘・・・

58

私が思う本当のナンバーワン企業とは

多くの経営者がひたすら口にする言葉。

「打倒○○会社!」

同業種ナンバーワン企業にいつか追いつこう。そして、いつか追い越そう。

当然の発想ですし、すばらしい考えだと思います。

しかし私は、業界でナンバーワンになることにはまったく興味がありません。「そんなのあたり前だろ!　無理なんだから」と言われたら返す言葉もないのですが、弱小企業のたわ言だと思って聞いてください。

もしも、競合他社と競争してナンバーワンを目指すことによって業績を伸ばすことができれば、それはもちろん会社にとっての成功となるでしょう。

でもそれって、お客様にはどれだけ貢献できているでしょうか？

お客様にとって大事なことは、私の会社が業界でナンバーワンになることではありません。お客様自身にとって価値ある仕事ができているかどうかです。

業界ナンバーワンになっても、それは別にお客様の喜びとは関係がありません。

だったらそれを目指す意味がありません。

私はそう考えています。

私は、お客様にとってのナンバーワン企業になれるかどうかしか興味がないのです。

2005/09/16
http://www.ad-promote.co.jp/blog_ap/archives/401
私の思う本当のナンバーワン企業とは・・・

59

いいわけしても いいわけ？

いいわけしてもいいわけがない。

といつものようにくだらないだじゃれでごめんなさい。でも本題は真面目なお話です。

お恥ずかしいことですが、じつはこの私、昔は「いいわけだらけの人生」を送っていたのです。

それは、現実から逃げ、自分を正当化する手段でした。

いまからお話することは、私が「営業マン」をしていた頃の実話です。


今でも忘れることができません。

新規顧客獲得営業マンとして働いていた、リフォーム会社社員時代は毎日が本当に地獄でした。

雨の日も風の日も、朝から晩まで３００軒以上のご家庭を訪問する毎日です。しかし、まったく成果は出ません。


「俺は営業に向いていないんだ！」

「おそらく会社の方針が悪いから結果が出ないんだ！」

「営業担当地域に住んでいる人がみんな意地悪だからだ！」

「世の中が不景気だからだ！」

「ハンサムに生まれてこれなかったからだ！」

成果が出ない理由を、私はいろいろと考えました。

理由が頭に浮かんでは消え、一人で悶々と考える日々が続きました。


やがてある日、結論が出ました。

「営業職は向いていないから辞めよう！」

本気でそう考え、退職を決断したのです。

当時の支店長にその考えを告げました。しかし、支店長はけっして首をたてに振ってはくれませんでした。


俺の人生なんだから自由にさせてくれ……！


私はそう思い、自分の思いを本気で吐き出しました。

辞めたい理由もすべてぶちまけました。

しかし、意外な返事が返ってきたのです。

「お前はいま、いろいろな理由を言ったけれど、だったら辞める前に一ヶ月間だけ自分のやりたいように自由に営業してみなさい。何から何までお前の理想通りにやってみて、それで結果が出なかったらしかたがない。そのときは、営業には向いていないと自信をもって会社を辞めればいい」

私はその言葉に納得しました。

そして実際に、一ヶ月、好きなように営業させてもらったのです。

そうなると俄然やる気もわいてきました。プレッシャーから開放されたからか、自然に笑顔まで出るようになりました。

そして、一ヶ月後。

大珍事が起きてしまいました。

なんと、営業成績の支店記録を塗り替えてしまったのです。

これは一体、何が起きたのでしょう?

もちろん営業の知識やスキルが急に身についたわけではありません。
ただ、私の「気持ち」が変わったのだと思います。

その後、支店長は私にこう言いました。
「人間すべて気持ち次第。そしてなにより相手に感謝する気持ちが大切。その気持ちさえ忘れなければ、気持ちはかならず相手に伝わるものだ」

本当にそうだと思います。
そして、こんなことも言ってくれたのです。

「思うように結果が出ないのは誰のせいでもない。ただ、気持ちの焦りと甘えが原因だったんじゃないか。結果が出なかった理由はお前の気持ちの闇の部分がお客様に伝わっていたからだと思う。お前はもともと誰にも負けないくらいの笑顔と人をひきつける目力を持っているじゃないか。そして、素直な気持ちも持っているんだよ。だから結果が出たんだ」

普段は鬼のように厳しかった上司だけに、そう言ってもらえたことは私にとって大きな自信につながりました。

支店長は、「逃げ」という選択肢から引き止めてくれました。そして、いかなる「結果」よりも、「プロセス」が大切なんだと教えてくれました。

支店長には今でも感謝しています。

おそらくあの時、あの支店長に出会えなかったら、きっと私は営業マンをやめていたでしょう。そして今でも「いいわけだらけの人生」を送っていたに違いありません。

2007/03/14
http://www.ad-promote.co.jp/blog_ap/archives/852
いいわけしてもいいわけ？

60

幸せを手に入れるには？

あるセミナーでのできごと。
講師が受講者に向って、
「幸せを手に入れるためには何が必要ですか？」
と質問しました。
いくつかの答えを出させた後に、講師はこう言いました。
「幸せの定義は人それぞれ違います。だから幸せの答えはないのです。
……でも、みなさん。幸せを手に入れるために共通して言えることがあるのです。それはなんでしょう?」

私はすかさず手を挙げました。

それなら自信を持ってこたえられます。

大勢の前で完璧な答えを言ってしまうことを思い、私は胸をわくわくさせながら答えました。


「今こうして健康に生きていることへの感謝の気持ちを忘れないことです!」

ですよね……?

みなさんもそう思いますよね……?


でも、講師はこう言いました。

「いいえ違います。コミュニケーションをうまくすることです」

先生は一言そう言うと、自信たっぷりに「人間関係」や「コミュニケーション」について話はじめました。

参加したセミナーは「コミュニケーションセミナー」。

そう考えると当然の答えでした……。


でも、本当にそうでしょうか。

やっぱり先生それは違うよって、今でも言いたい。

幸せを手に入れるために共通していえることって、やっぱり今こうして「健康に生きていること」だと思います。

どんなにお金があっても、
どんなに地位や名誉を得られても、
どんなに自分の欲求が満たされても、
すべてが健康でなければ嬉しくありません。
ましてや、死んでしまったら、悔い以外は何も残りません。

（え？　死んだら悔いも残らないって？　いえいえ、私だったら化けて出ますよ！）


幸せを手に入れるために必要なこと。

「生きていること」

「健康なこと」

「そのことを常に感謝すること」

ではないでしょうか。


生きていることへの感謝の気持ちで満たされているなら笑顔でいられるし、幸せになれるはず。

他人へのやさしさ、愛情、思いやりはそのことからはじまると思います。

そして、「人間関係」をうまくしたいなら、「自分関係」をよくしないと絶対に無理です。

「自分は不幸だ！」

と感じながら、どうして良いコミュニケーションがとれますか？

「自分は不幸だ！」

と感じながら、どうして相手の立場を理解できますか？

「自分が幸せだ！」

と感じていられるからこそ、まわりを見る余裕がうまれる。

余裕がうまれるから相手のことを尊重できる気持ちになれる。

だから、コミュニケーションがうまくいかないで悩んでいる場合は、まずはあれこれ考えず、自分が「幸せになること」を考えるべきだと私は思います。自分が「幸せ」になれば、悪循環が好循環に一気に変わるはず。

どうやって「幸せ」になるか。

どうやって「幸せ」を感じるか。

それは、いま健康に生きていることや、健康に生んでくれた親に感謝することだと思うのです。

幸せって、あたりまえと感じているところにこそ「真の幸せ」がたくさん隠れているのではないでしょうか？

2008/07/02
http://www.ad-promote.co.jp/blog_ap/archives/1336
幸せを手に入れるには？

61

どっちが大切？

お付き合いしている女性に、

「仕事と私どっちが大切なの！」

と、鬼のような形相で質問されたらどうしますか？

冷静に考えれば、仕事と恋人は比べる対象でないことは、あたり前です。

なのに、こんな質問をしてくる女性は、どうして質問しているのでしょうか？

私の考えですが、その言葉そのものにはあまり意味はないのだと思います。うまい答えをしようとして、しどろもどろしながら答えるよりも、大事なのは、どうしてその言葉を言われてしまうのかを考えることだと思います。その言葉に至った経緯。

そこにさえ気づけば、

「よし、じゃあ本気の会話をしましょう！」

という答えが出てきます。

本気の会話っていうのは、自分の思いがしっかりと相手に伝わった会話ということ。不器用な返事であっても、本気の言葉であれば、きっと相手の心に響くはずです。

もちろんそれは、恋愛ではなく「企業とお客様」でも同じことが言えると思います。

「どっちが大切？」

お客様にだって言われかねない言葉です。

お客様が増えれば増えるほど、一件一件のお客様へ対応はどんどん減ってしまっています。そのままにしておくと、すべてのお客様が充分に満足していただけるサービスを提供できなくなってしまいます。

会社が成長したときの落とし穴はそんなところにあるような気がしてなりません。


「忙しいからしかたない」

「そんな仕事じゃ請けられない」

「お金にならない仕事はしない」

「効率が悪く手間がかかる作業はやりたくない」

「儲けの大小で仕事の優先順序を変えてしまおう」

請ける仕事が多くなってくると、自己中心的で傲慢な経営になりかねません。しかし、仕事がないときには自分を少しでも良く見せようと必死に行動したはずですし、仕事一件いただいたときの喜びはどんな小さな仕事でも大きかったはずです。

恋愛と本当に似ています。

恋人がいないときは自分を少しでも良く見せようと必死に頑張り、どんな小さな愛情だって喜びは大きかったはず。それが、付き合いも長くなった恋人だと知らないうちに自分中心的で傲慢になっている自分がいるのです。

いやはや何ごとも、初心忘れるべからずですね。

あたりまえに慣れてしまう怖さって、どんなことにもあると思います。仕事も恋愛も慣れが最大の敵なのかもしれません。

2008/08/15
http://www.ad-promote.co.jp/blog_ap/archives/1367
どっちが大切？

62

すべては「ありがとう」から

私が会社を設立したとき、

「この会社に関わる人がみんな幸せになってくれればいいな!」

そう願いました。

それまでのさまざまな経験をふまえて、ようやく行き着いた究極の目標でした。

いつもみんな笑顔で、楽しい気持ちでいられる会社。そして、仕事する目的は「ありがとう」を得るため。もちろん「お金」をつくらないかぎりビジネスは成り立ちませんが、気持ち的には「お金」ではなく「ありがとう」を得ることが目標なんです。

実際に、私のモチベーションは常に「ありがとう」にありました。

毎晩深夜に及ぶつらい仕事の連続でもその言葉がすべてを包んでしまいました。

この言葉に勝てる言葉はないと思います。

「ありがとう」こそが最大の価値です。

これは私だけでなく、創業メンバーすべて一致していたことのようにも思えます。だからこそ、お客様継続率100％でしたし、仕事への誇りはどの会社よりも強かったはずです。

しかしあるとき、私は、自分の変化に気がつきました。

私はいつの間にかに、「人としてどうあるべきか?」を後回しにするようになり、「社長としてどうあるべきか？」ばかりを考え、「社長は会社を守り、利益を確保し、会社を成長させることだ」などとバカな勘違いをしてしまっていたのです。

知らないうちに私は変わっていました。

そして、「ありがとう」に対する気持ちもいつの間にか薄れてしまっていました。

たしかに会社を成長させることは大切。

利益を確保することも最低限必要。

でも、そのことを最優先してしまうのは大きな間違いだったと私は気がつきました。

本当に必要なことは、このことです……。

・お客様に「ありがとう」と感謝してもらえる仕事をすること。
・働く私たちとその家族が常に幸せでいられること。

・自分のためだけに仕事をするのではなく、行なった仕事が誰かの役に立っていること。
・本気で喧嘩できる仲間がいること。
・本気で心配しあえる仲間がいること。
・本気で遊び楽しめる仲間がいること。

こんな「理想」や「信念」を持って、会社を立ち上げたはず。

それがいつの間にか変化してしまっていました。最も大切な人間としての喜びを失いかけてしまっていました。

そのことに気がついて以来、仕事に対する重苦しい気持ちが溶けてなくなり、私の気持ちはとても充実しています。

「もやっ」としていた気持ちがすべて消えました。

自分が何のために存在しているのか。

すべては「ありがとう」からなのです。

2008/10/27
http://www.ad-promote.co.jp/blog_ap/archives/1416
ありがとうのパワー

63

今の自分に満足してますか？

自分よりも成功している人は、自分よりもプラス（＋）。
自分よりも成功していない人は、自分よりもマイナス（－）。
自分よりもたくさん努力している人は、自分よりもプラス（＋）。
自分よりも怠けている人は自分よりもマイナス（－）。

そんなふうに考えている人はいませんか？
いつも他人と比べている人。

いつも自分の位置を確認しておきたい人。

そんな人はきっと、自分よりも偉い人に劣等感を感じたり、自分よりも劣る人に優越感を感じたりすることで、自分の価値を見定めようとしているのかもしれません。

でもそれって、どこか違うと思うんです。

すべての人はプラスでもマイナスでもなくて、おたがいに「ゼロ」だと思うんです。

だって、みんな同じ「人間」です。

誰だってプラスもマイナスもない、かけがえのない大切な存在なのです。


じつは私の欠点は、すぐに感情的になってしまうところです。

若い頃は特に「理不尽な世の中」にいつも納得がいかず、ちょっとしたことでキレまくっていました。

……立場が上だからって見下しやがって！

……お金があれば偉いってもんじゃねえだろ！

……地位や名誉があれば何でも許されるのかよ！

私が出会った偉い人の中には、自分のやったことを勝手に正当化する人や、自分の言ったルールに従えない相手は人間扱いすらしない人もいました。

私はそんな人たちを許せませんでした。

……偉いやつらってみんな命令するだけだし、感謝もしないし、人を見て態度をコロコロ変えるやつばっかりだ！　ああ、信用できない！　ああ、イライラする！

そんなことばっかり考えてましたね。


でもそのイライラの理由は簡単なことです。

それは、そのときの「今の自分」に自分で満足していなかったからなのです。

成功している人と自分と比べては焦って、理想の自分と現実の自分のギャップに愕然として、自分でもそうなりたいのになれない自分にイライイラしてばかりいたんです。つまり、この私こそ世の中をプラスやマイナスで見てばかりいたんですね。

今になって考えると、そんなのは全部、「やらない」から「できない」だけですし、「できない」のを「世の中」の責任にしているだけだったとわかります。結局、私は、何もできない自分が嫌いで、自分のまわりの人すべてが敵に見えていたんだと思います。


そんな私が変われたのは、何もできない自分を好きになれたときからです。

今の自分に満足したときからです。

自分が嫌いでは他人を好きにはなれません。自分が満足していないと他人のことなんて満足させられません。そしていまの私は、人と比べて、自分がプラスともマイナスとも考えることもありません。

だから、いまの私は、自信をもって「自分大好き人間」でいられるのです。

2008/11/18
http://www.ad-promote.co.jp/blog_ap/archives/1425
今の自分に満足してますか？

64

キッカケの言葉

私が遊びに夢中だった学生時代。

父に何気なく言われた言葉が、後に私の人生を大きく変えるきっかけの言葉となりました。

「……いま楽して大人になってから苦労するのか、それとも、いま苦労して大人になってから楽するのか。そこをしっかり考えろよ」

「……はあ？　急に言われてもそんなのわかんねえよ」

「今すぐ決めろって言ってるわけじゃない。自分の人生をどうするかは30

歳までに決めればいい」

「え？」

「30歳過ぎるといろんなことがやりたくてもやれなくなる。でも、30歳までは何回でもやり直しできる。まあ、30歳になればきっとわかる。今はただそのつもりで毎日を生きていろよってことだ……」

父との会話はこんな感じだったと思います。

そのときはあまり気にも留めなかったような言葉でしたが、実際に私が働くようになってから、なぜかずっと脳みそに焼きついて離れなかったのです。

やがて私は、30歳のときに建築関係の仕事からＩＴ関係の仕事へと転職しました。

父はすでに他界しましたが、今でもその言葉は、父への感謝の気持ちとともに私の心の中で生き続けています。私もいつか、人生のきっかけとなるような言葉を誰かに伝えられるような人間になりたいと思っています。

2012/12/04
http://www.ad-promote.co.jp/blog_ap/archives/5947
キッカケの言葉

65

打つ手は無限

滝口長太郎氏は千葉県船橋の大実業家です。

大正8年に海藻漁師の家に生まれ、幼少時代には極貧の生活を送っていたそうです。周囲からは「海のモク拾い」などと蔑まされながらも、日々努力を重ね、その後、海藻問屋、不動産業、飲食業、ゴルフ場などの経営を次々と大成功させました。

その滝口長太郎氏にはこんな言葉があります。

「打つ手は無限」

すばらしい名画よりも
とてもすてきな宝石よりも
もっともっと大切なものを私は持っている
どんな時でも
どんな苦しい場合でも
愚痴を言わない
参ったと泣き言を言わない
何か方法はないだろうか
何か方法があるはずだ
周囲を見回してみよう
いろんな角度から眺めてみよう
人の知恵も借りてみよう
必ず何とかなるものである

なぜなら打つ手は
常に無限であるからだ

私は、この滝口長太郎氏の「打つ手は無限」をこれまでに幾度となく読み返してきました。

なにごともあきらめたらその時点で終わりです。

本当に大切なものが欲しかったら、少々つらくても、少々苦しくても、いや、絶体絶命だと思ったとしても決してあきらめてはいけません。

実際に私も経験したことがありますが、本当につらいとき、苦しいときにこそ、がむしゃらになってがんばっていればかならず道は開けます。


でも、苦しいときほど悪いことが重なります。

気持ちが焦れば焦るほど仕事にもミスが増え、人間関係もうまくいかなくなり、悪循環に陥ります。

「こんなときにどうして？　神様のバカヤロー」

そんな愚痴も口からもれ出ます。

そんな様子をあざわらう人もいれば、離れていく人もいれば、哀れむだけの人もいます。そんな状況でも、最後まであきらめずにやり続けることができれば、かならず今までは気づかなかった道筋が見えてきて、それを助けてくれる本当の仲間に出会うことができるのです。


ピンチこそチャンスです！

もしピンチにおちいったら、「これはチャンスなんだ！」と、喜んでいいと私は思っています。

打つ手は無限。

これまでの私を何度も助けてくれた、本当に素晴らしい言葉だと思います。

2009/08/03
http://www.ad-promote.co.jp/blog_ap/archives/1640
打つ手は無限

66

あたりまえに感謝

最近のネット通販は以前と比べると劇的に便利になりました。

「今日注文すれば明日には到着します！」

そんなサービスもあたりまえになっています。

すると最近では、逆に、一週間も待たされるとイライラしてきたりもします。でも、昔のことを考えたら、一週間なんて決して特別に遅くはありませんよね。

世の中が便利になりすぎると、どうやら人間の心は、「便利があたりまえ」

と勘違いするようです。


電車のダイヤは正確なのがあたりまえ。

蛇口をひねれば水もお湯も出るのがあたりまえ。

スイッチ入れれば電気がつくのがあたりまえ。

24時間いつでも開いているコンビニがあるのがあたりまえ。

ネットで検索すればなんでも無料でわかるのがあたりまえ。

友達には電話やメールですぐに連絡できるのがあたりまえ。


でもこれってすべて、本当にあたりまえでしょうか？

私は、本当は感謝するべきことまであたりまえだと思ってしまう自分がいるように思えてなりません。つまり、いまあたりまえに思っていることって、本当は自分を助けてくれるすごいものなんだと思います。

だから私は、いろんなあたりまえに感謝するようにしています。

あたりまえをあたりまえと思わないよう気をつけたいと思っています。

2014/10/17
http://www.ad-promote.co.jp/blog_ap/archives/8294
あたりまえに感謝

67

あたりまえに感謝 その2

夜寝ればかならず明日が来ると思っていませんか？

あたりまえのように、日々が続くと思っていませんか？

生まれたときから日々の連続はあたりまえのことばかり。

あたりまえのように息をして、あたりまえのようにごはんを食べて、あたりまえのように眠くなったら寝る。

そして、あたりまえのように次の日の朝がやってくる。

……そう思っていませんか？

そんな毎日が続くと、心もそれに慣れてきます。

すると心はこう考えだします。

「まあ、明日やればいいや！」

「そのうち、そのうち……」

「どうせまた明日があるから……」

しかし、私は気がつきました。それって勘違い。

毎日があたりまえだなんてありえないこと。そんなふうに考えていたら、
貴重な一日一日を無駄にしてしまう。

あたりまえにやってくる明日なんて絶対にないし、明日はかならずやってくると言える確証はどこにもありません。

あたりまえだと思えば日々は消え去ります。

貴重だと思えば日々は重なります。

いつもいつも何気なくあたりまえだと感じているものほど、じつは自分にとって貴重でかけがえのないものなのです。

2010/02/02
http://www.ad-promote.co.jp/blog_ap/archives/1788
当たり前への感謝

68

夢からの伝言

現実味のない話ですが、私は時々、「とてもリアルな夢」を見ます。
夢なのに妙に記憶がはっきりとしていて、とても不思議な夢です。

夢の中では、私が死んだところからはじまります。
死んだら何もかもが終わりかと思ったら、そこは死後の世界のようです。
そこに誰かがいます。
地獄のエンマさまかと思ったらそうではなく、優しい顔つきの神父さんのような方でした。その方は、私にいろいろと質問をしてきました。

「あなたはあのときはこうでしたね？」

「このとき、あなたは何をしていましたか？」

生きていたときの出来事についていろいろ質問されます。

するとその中には、誰にも知られたくない秘密や、神様には怒られそうな悪いことも含まれていました。

私は必死に嘘をつきました。

素直に認めたくはありません。

少しでも自分にとって有利になるよう願っていました。


ただし、すべてお見通しです。

それまでの優しい表情がうってかわって厳しい形相になると、次々と、私の人生の悪の部分を指摘してきます。

「なぜお前はこんなことばかりしてきたんだ！」

「真面目になぜ生きられないのだ！」

「お前のような人間は最低だ！」

厳しい叱責を浴びせられます。

私は、「どうかもう一度人生をやり直すチャンスをください」と必死にお願いしていました。しかし、どんなにお願いしても、許してもらえません。

「お前の人生はここで終わりだ！」

とうとう最後に、そう一喝されました。

私が犯したすべての悪事のせいで、私の人生はここで終ってしまうのだと悟りました。


……ああ、これでおしまいなんだな。


すると、そこで目が覚めました。

今でもその一部始終を事細かに思い出すことができるくらい、不思議にリアルな夢でした。

そして私は、夢に考えさせられました。

人生の過去は、後でどんなに悔やんでもやり直すことはできません。

死んでしまったら、すべては過去。

死んでしまったら、けっして未来はありません。

しかし、私はその夢を見て、逆にこう考えたのです。すべてが過去になって、
未来がひとつもなくなるのは死んでからのこと。

でも、いまの私は生きています。

つまり、いまの私には未来があります。

いまの私には可能性は無限大なのです。

「過去を悔やんでいるひまがあったら、未来を生きろ！」

そんな夢からの伝言をもらった気がしました。そして私にはなぜか、これは天国の親父からのメッセージなんだという気がしてなりませんでした。

2010/02/05
http://www.ad-promote.co.jp/blog_ap/archives/1791
夢からの伝言

69

幸せは得るものではなく感じるもの

あなたはいまの自分を「不幸」だと思っていますか?

そう思っている人は、どんなに恵まれた環境になったとしてもそこから「不幸」な部分を見つけ出して、「ああ、私は最悪の不幸だ……」と言うに違いありません。

逆にあなたは、いまの自分を「幸せ」だと思っていますか?

そう思っている人は、どんなに悲惨な環境になったとしても「幸せ」を見出すことができますから、「よし、私はなかなか幸せだ!」

と言うに違いありません。

マイナス思考でいると、どんな状況でも不幸だと感じます。

反対に、プラス思考でいれば、いつでも幸せを探しだすことができます。

結局のところ、誰の人生だって所詮ないものだらけです。

仕事がない！　お金がない！　休みがない！　時間がない！

自信がない！　面白くない！　やりがいがない！

やりたいことがない！　生きがいがない！

ない、ない、ない……！

でも、そんな不満ばかり言う人に限って、人よりも健康だったり、恵まれていたりするもの。ちょっと探せば不幸よりも幸せの方がたくさんあるのにあえて不幸を探すのはもったいないことです。

幸せは得るものではなくて感じるものです。

自分で感じようとするかどうか。

自分で見出すかどうかだと思います。

2012/06/23
http://www.ad-promote.co.jp/blog_ap/archives/5119
得るものではなく感じるもの

70

地震と自信と自身

ある夜のこと。
私はいつもの夢を見ました。
それは大地震に見舞われる夢です。

夢占いの本を調べてみると、そういった夢を見るということは、なんらかの自信をなくし、心に不安を抱えている証拠だと書いてあります。その結果、家庭や仕事に大きな悪影響を及ぼす前ぶれなんだとか。解決方法としては「自分自身が前向きに、そして自信をもって強く生きるように」とのこと……。

まんざらハズレていない気がします。

たしかに何ごとも自分自身に自信を持って生きることは大切。そうすれば人は強く生きることができます。

しかし、すべての人がそうできるとは限りません。いや、それどころか誰もがみんな不安だらけです。悩みや不安がない人などいません。

……ではどうやって強く生きればいいのでしょうか？


じつは、この夢の話には続きがあります。

地震の後、町はパニック状態です。お金など紙切れになり、寝る場所も食べるものもなく、みんな自分のことしか考えられません。

その中で、たった一人で他人のために働いている人がいました。

その人は私にこう言いました。

「俺がこうして働くことで一人でも多くの人が喜んでくれれば、俺はそれで満足なんだよ」

しかし、私は必死に訴えました。

「でも、そんなことばかりしていたら、あなたは死んでしまうじゃないですか！」

でも、その人はさらにこう言ったのです。

「多くの人が亡くなったというのにこうやって自分が生き残ったということに意味があると思うんだ。だから俺はこれをするべきだって感じるんだ」

私は返す言葉がありませんでした。

「自分が死ぬとか生きるとか、そんなこと大した問題じゃないんじゃないか……？」

そう言うと、その人の姿は雑踏の土煙の中に消えて行ってしまいました。

私は本物のヒーローを見ました。

正直、私には絶対にまねできないと思いました。

夢の中で私がとった行動はきっと真実だったと思います。

夢の中では自分を守ることに精一杯な自分がいました。

私は弱かった。

しかし、夢の中で弱かった私でも、助けあうことはできました。

たしかに私は強くはなかった。でも、心に安らぎはあったのです。


「無理して強く生きようと思わないことが大切」

夢は私にそう言ってくれているように感じました。

人はみんな弱いんだから支い合うべきです。その結果、自分を強くし、相手も強くするのだと私は思います。

※この記事は東日本大震災が発生する前の２００７年４月４日に書いたブログ記事を元に作成しております。よって、記事中の地震は東日本大震災を連想した内容ではありませんのであらかじめご了承ください。
東日本大震災により被害に遭われた皆様に心からお見舞い申し上げると共に、犠牲となられた方々とご遺族、関係者の皆様に対し、深くお悔やみ申し上げます。

2007/04/04
http://www.ad-promote.co.jp/blog_ap/archives/875
地震と自信と自身

71

己石

自分に自信が持てない……。
まわりの目が気になる……。
自分にはやりたいが見つからない……。
自分で判断できない……。
よく上司から怒られる……。
仕事にやる気が持てない……。
自分は世の中の落ちこぼれだ……。

こう思っている人はけっして少なくないと思います。


でも、気にすることはありません。

私もそうでしたから。

なんの自慢にもなりませんが、私なんて人生なめていた人間です。

でも、そんな私にも言わせてください。

若くして自分をしっかりと持っている人ももちろんたくさんいます。でも、長い人生で考えると、そんな人はかわいそうに思えてしかたがありません。

なぜなら、若いうちはしっかりすることよりも、いろいろなことを吸収することが大事だからです。


若いうちは何でも吸収することが大事です。

意味のないことだろうが、無駄なことだろうが、何でもかんでも吸収するくらいの「スポンジくん」になればいいと思います。ちょっとハメを外すくらいの経験だって、きっと吸収するなにかがあるはずです。さまざまな経験を充分に吸収することができたら、次はその中から、自分にプラスになることを選びます。そして、自分が世に対して貢献できそうだと思うことを片っ端からピックアップします。

そして、それらを固めるのです。

すると、自分なりの「己石《おのれいし》」ができあがります。

このような経験を経るからこそ、「自分」というものが形成されていくものだと私は思います。私もいろいろな人を見て、いろいろな経験をしてこのように思えるようになりました。

しかし、そこからの道のりはさらに長いと私は感じています。

その石を今度は磨き上げる作業が必要だからです。

ここで必要なのが「砥石《といし》」ですね。

砥石で「己石」を磨けば磨くほど自分が光り輝きます。
自分で探し、自分が作った己石。
光らせるのも腐らせるのも自分次第です。

若い人はできるかぎり早く「己石」を作ってください。
そして勝負は、死ぬまでに自分の己石をどれだけ磨くことができるかです。
あなたが生まれてきた最大の意味。
それは己石磨きなのです。

2007/02/01
http://www.ad-promote.co.jp/blog_ap/archives/809
己石

72

仕事は目的を叶えるために存在する

「いまやってる仕事、本当はやりたくない」

そう思いながら働いている人もいるかもしれません。

きっとつらいでしょうね。

きっと楽しくないでしょうね。

でも、それは誰のせいでもありません。その人が悪いわけでもありません。

ただ、仕事や自分に対する「本当の目的」がないまま仕事をしている結果なんだと思います。

なかには、運良く就職が決まった人もいるでしょう。

自分で思っていた理想の会社が見つかり、面接もうまくいって、思い描いていた職業に就けたとします。でも、その仕事に対する「本当の目的」を持っているかどうかは別の話です。

希望の就職は叶えるできた。

でも、その仕事への具体的な目的意識がない。

そういう場合は、遅かれ早かれ、

……本当は自分のやりたかった仕事はこんなんじゃない！

……もっと自分にあった仕事があるはずだ！

という気持ちになってしまいます。

そうなると、なんだかんだと自分を正当化する言葉を口にしながら、結局、職場を去ってしまう。次の職場に就いたとしても、また同じように辞めてしまいます。つまり、どんな仕事に就いても、「自分のやりたいことはこれじゃない！」という気持ちになって転職をくり返してしまうのです。

そうやって働いていく人が持つ結論はこうです。

「仕事なんてどうせ楽しくなくてあたりまえ。つらいけれど生活のためやろう……」

それであたりまえだと思うようになってしまいます。でも、そうなってしまうと、出てくるのはもはや、ため息と愚痴ばかりになってしまいます。


……ああ、つまらない仕事しかない！

……ああ、自分に合う仕事がない！

……ああ、給料が安い！

……ああ、不景気が悪い！

……ああ、なにもかもすべて世の中のせいだ！

……全部、会社の責任！

……全部、社長や上司の責任！

……全部、部下の責任！

これは、誰にでも起こりうることだと思います。私自身、そのような人をたくさん見てきました。

しかし一体、どうしてこうなってしまうのでしょう？

それはやはり、元を正せば、仕事への目的がないからです。

目的がはっきりしていないから、壁にぶつかってもがんばる理由が見当たらなくなるのです。すると、逃げる方法しか思いつかなくなってしまう。

目的がないから続ける理由もないのです。

だから、ここははっきりと断定しておきます。

仕事は、あなたの目的を叶えるために存在するものです。

本当の目的がない以上、働く喜びはいつまでもみつかることはないはずです。

ではみなさん、自分をふり返ってみてください。

あなたの仕事の目的は何ですか？


お金のため？

もちろんそれでもいいと思いますよ。

でも、いくら稼ぎたいのかをはっきりさせておいてください。つらくなったときに、「そこまで稼ぎたいとは思ってないから」となってしまいます。


スキルアップのため？

素晴らしい目的だと思います。

ぜひ、どんなスキルを得たいのか具体的に考えておいてください。壁にぶつかったときに、「そこまでしてその技術を得たいと思ってないから」となってしまいます。

目的はキャリアアップのため？

それだってもちろん構いません。

では、どこまで出世したいと思っていますか？　それも明確な決意がない限り、「そこまでして出世したいと思ってないしな……」と、大事なところで力が発揮できなくなってしまいます。


仕事のなかに本当の目的を持ってください。

仕事は目的を叶えるために存在します。

仕事はあなたの夢を実現するための踏み台だと思ってください。

ひょっとするとあなたの夢は、誰もがバカにして笑うような夢物語かもしれません。実現までに何年もかかるような壮大な夢かもしれません。でも、自分が実現を信じていれば、その大きな目的のために「仕事」をすることができるはずです。

そんな「本当が目的」を持っていれば、たとえどんな仕事であっても「最高の仕事」だと思います。

しかし、こう言っている私もしょっちゅう「本当の目的」を見失うことがあります。

はっと気がつくと、会社を守ることばかり考えている。

でも、そんなのは私の本当の目的ではないのです。

私の本当の目的は、私の関わるすべての人たちが「笑顔」であることです。

その「笑顔」とは、ただ楽しいから笑うという「笑顔」ではありません。それは、仕事がたとえつらくてもお客様や仲間といっしょに喜びを分かち合って、達成を味わったときにある「笑顔」です。

その笑顔にたどりつきたいからこそ、みんなが精一杯努力します。

笑顔を分かち合う仲間がいるからこそ、厳しく険しい道のりでも最後までやりぬけてしまうのです。

仕事ってそんなものじゃないでしょうか。

お金払ってるんだから仕事やれ！

仕事なんだからやるのがあたりまえだ！

失敗したら責任とれ！

仕事ってそんなものではないはずです。仕事の達成感とは、みんなで味わうものです。

失敗も成功も、いい結果も悪い結果も、仕事に関わったすべての人のものです。仕事は1人ではできないからこそみんなで「達成」する喜びがあるのです。

みんなの「笑顔」は私ひとりでは達成できません。

だからこそ私は、私に関わる人たちに思いっきり迷惑をかけつづけ、これからも悔いのない人生をおくっていきたいと思います！

2009/07/02
http://www.ad-promote.co.jp/blog_ap/archives/1594
自分の目的を叶える為に・・・

73

幸せとは……

幸せだな〜って思うときってどんなときですか？

「おいしい食事をしたとき」、「大切な人と一緒にいるとき」、「欲しかった物を手に入れたとき」……。

どれもが全部「幸せ」に該当するのかもしれないですが、この幸せは永遠ではなく一時の欲を満たす手段なのではないでしょうか？

私たちにとっての幸せとは「金欲」「食欲」「物欲」だけじゃないはず！

そう思い、私なりの幸せについて語らせていただきたいと思います。

「いいひと」

「あなたっていい人ですね」と言われるとなんだか気持ちがいいものです。

「いいひと」と言われたいと思う気持ちがあるから私たちは相手に優しく接したり、親切にしたり、プレゼントをしたりする。

でも……。

本当は、相手の喜ぶ顔が見たいわけではなく「私はいいひと」と思いたいからなのではないでしょうか？

それだけならまだいいのですが、相手に対し「してあげた」と勝手に認識し見返りを求めてしまう……。

勝手に自分で「いいひと」と思われたくておこなっていたことにもかかわらず、見返りがないと「自分がこれだけしてあげてるのに！」と思ってしまうから怖い！

もちろん私も例外ではなく見返りを求めてしまうことがあります。

昔は恋愛やお金、現在は仕事が絡むとその傾向は強くなりますね。


幸せというのはもらうものでもなく返すものでもない！

私は分けるものと感じています。

「いい人でありたい自分」が幸せと思い、「いい人だなと思う相手」が幸せな気持ちになる。

これこそが幸せを分けることだと私は思います。

「ありのまま」

自分の心に厚化粧なんてせずに正直に相手と接してみませんか？

「私はこんな人間ですよ〜」って！

きっと「ありのままの自分」を受け入れてくれる人や想いを共有できる仲間だけが自然とあなたのもとに残ると思います。

私は残った仲間が自分の近くにいることこそが一番の幸せだと感じています。

「大切な人」

・何をやってもうまくいかないとき
・自分の思いが相手にうまく伝わらないとき
・相手の行動が許せないとき

そんなときはイライラしてあたりまえ！
イライラをコントロールするのはとても難しいこと。
誰もが簡単にできるものではありません。
だからついつい気心知れた相手に愚痴をこぼしてしまいます。

私はそれでいいと思います。

言いたいことは我慢しないで全部はき出すに限ります。


本当に自分にとって大切な人であれば自分が間違っていれば「叱ってくれるはず」です。

自分が発した言葉に対して「YES」「NO」にかかわらず真剣に返してくれます。

お互いの想いがぶつかり、たとえ喧嘩になってもいつの間にか仲直りできる人。

そんな人が本当に自分にとって大切な人なのではないでしょうか？


仕事でもプライベートでもいっしょだと私はいつも感じています。

私は自分の心に「ふた」をして我慢しながらニコニコと「いい人」を演じながら生きていくくらいなら、自分の「ありのまま」を相手に見せて本気で付き合える仲間がたった一人でもいれば「幸せ」です。

一人もいなかったらそれは私の性格がよほど最悪な証拠なのかもしれません。

（笑）

自分を取り繕ってつくった薄っぺらい仲間が100人いても私は全然「幸せ」を感じません！

自分が心から幸せを感じられなかったら人生楽しくありませんからね！

だからといってまったく取り繕わずに「わがまま放題でOK」ということとは違うので勘違いだけは避けたいところです。

「良いところ探しが幸せ探し」

人は誰かと比較して自分の「不幸」「幸せ」度合を計測しているような……。

そんな気がしてなりません……。

「あの人はカッコいいからモテて自分はモテない！」

「あぁ！　私は不幸だ！」

「あの人は金持ちで自分はごくごく平凡！」

「あぁ！　私は不幸だ！」

「あの人は出世しているのに私は出世できないまま！」

「あぁ！　私は不幸だ！」


誰かと比較して自分の「不幸」ばかりを探してしまう……。

どうせなら「不幸探し」じゃなく「良いところ探し」をしたほうが良いに決まっています。

ちなみにこういった探し方はＮＧですが……。


「あの人はブサイクだからモテない！」

「あぁ、よかった！　私は普通で……」

「あの人は詐欺にあって全財産なくなっちゃったようだ」

「あぁ、よかった！　私は詐欺にあわなくて……」

「あの人は上司に逆らって左遷されたらしいよ」

「あぁ、よかった！　私は余計なこと言わなくて……」

こんな比べ方をしなくても、人は誰もが「すばらしいもの」を持っていると思うのです。（絶対にあると私は信じています）
自分の「良いところ」をいち早く気がつくことが、幸せを感じる最も重要なことなのではないでしょうか？

もしも！

自分の良いところが全然みつからない人は……。

きっと見つけ方を忘れているだけだと思います。

そんなときは仲間に「私の良いところってどこ？」って聞いてしまいましょう！

きっとたくさんあなたの代わりに良いところを見つけてくれるはずです。

「いつのまにか幸せの押し売り！」

自分に自信がついて、自分は幸せだと感じるようになると、人は相手にも幸せを分けてあげたくなるもの！

しかし幸せを分けることって案外難しいことです。

私は今でも「幸せの押し売り」をしてしまいがちです！

従業員に対してもそうです。

「こうやれば幸せになるよ！　やってみろよ！」

そんなふうに一方的に押し売りされた方はきっと大迷惑に違いありません。

しかも、受け取ってもらえない私は、幸せのためには絶対に必要だからと言って、むきになってさらに押しつけようとする。

こんなことをされては誰だって「はぁ～?」って感じですよね！

相手のために良かれと思っていたとしても、結果として裏目に出てしまうのです。

そんなときこそまわりをよく見て心に余裕をもちたいですね！

「幸せ」とは……

人は「不幸だ」という言葉を発した瞬間から不幸がはじまり、「幸せになりたい！」と感じた瞬間から幸せがはじまると思います。

自分に嘘をつかず、背伸びをせず、無理をせず、自分のペースでゆっくりと、どんな小さな幸せでもいいので自分の手でどうか「幸せ」を感じてください。

小さな「幸せ」の積み重ねが、大きな大きな幸せになるんじゃないかなと私は信じています。

自分自身のまわりには小さな幸せがたくさんたくさん落ちているはずです。

幸せを見つけたら独り占めしないでできるだけたくさんの人に分け与えて下さ

い。

分ければ分けるほど幸せは増幅し、独り占めすればするほど幸せは減少するものですから……。

2015/02/20
http://www.ad-promote.co.jp/blog_ap/archives/8913
幸せ

◉著者プロフィール

吉田 英樹（よしだ・ひでき）

株式会社アド・プロモート代表取締役

1970年、大工の二男として栃木県小山市で生まれる。大学を中退後、稼業を手伝いながらお金をため、22歳で念願の独立を果たし、小さなスキーショップ店を経営する。しかし24歳のときに膨大な借金とともに廃業。借金返済のため、リフォーム営業などの営業職で修業をおこない、数年で借金をすべて返済。その後、自分の特技を活かしたインターネット広告代理店にて勤務、営業成績を買われ取締役に就任後、2005年に独立。株式会社アド・プロモートを設立。インパクトのあるウェブ・マーケティングを仕掛け、WEBサイトでの売上があがらないクライアントの課題を解決していることから、「I Tの駆け込み寺」とも呼ばれている。田舎とアナログをこよなく愛し、人と深く向き合うことがモットー。通販大手企業をはじめとした多くの法人クライアントから厚い信頼を得ている。

ブログ「田舎で働く！ IT企業の社長日記」
http://www.ad-promote.co.jp/blog_ap/

明日《あす》の出社《しゅっしゃ》が恋《こい》しくなる73のことば

発行日　2015年5月 3日　第１刷

定　価　本体1000円＋税
著　者　吉田英樹

発　行　株式会社 青月社
〒101-0032
東京都千代田区岩本町3-2-1 共同ビル8F
TEL 03-6679-3496　FAX 03-5833-8664

印刷・製本　株式会社シナノ

ISBN 978-4-8109-1284-5